ÉTUDES CRITIQUES

SUR

LES CONNAISSANCES

ET SUR

LA PSYCHOLOGIE

PAR

W. N. TENICHEFF

PARIS

V. GIARD & E. BRIÈRE

LIBRAIRES-ÉDITEURS

16, Rue Soufflot, 16

1900

ÉTUDES CRITIQUES

SUR

LES CONNAISSANCES

ET SUR

LA PSYCHOLOGIE

Beaugency. — Imp. Laffray.

ÉTUDES CRITIQUES

SUR

LES CONNAISSANCES

ET SUR

LA PSYCHOLOGIE

PAR

W. N. TENICHEFF

————➤◄————

PARIS

V. GIARD & E. BRIÈRE

LIBRAIRES-ÉDITEURS

16, Rue Soufflot, 16

——

1900

ÉTUDE CRITIQUE

SUR

LES CONNAISSANCES [1]

———

Le travail suivant fait partie d'un programme d'études ethnographiques relatives à la classe cultivée des
populations urbaines russes. Le lecteur se rendra
compte du rapport entre ce programme et les réflexions
générales qui vont suivre.

I

Notre éducation, notre instruction, notre expérience
personnelle, l'état et les situations dans lesquels nous
nous trouvons ainsi que les suggestions d'autrui, les
lectures, l'audition des cours, les représentations théâ-
trales, etc, exercent sur nous une influence dans leurs
rapports avec notre vie individuelle et sociale. On voit

---

[1] Cette étude critique sur les connaissances a d'abord paru
dans le tome VI des *Annales de l'Inststut International de Sociologie.*

bien se manifester cette influence puisque nous chan-
geons notre manière d'agir après les expériences que
nous avons faites (1).

La simple fait de reconnaître un objet, un individu,
un chemin déjà parcouru etc. influe sur notre conduite.
Citons quelques exemples de l'acquisition des connaissances.

1° J'arrive à un concert d'œuvres classiques avec
cinq minutes de retard ; les portes sont fermées jusqu'à la fin de la première audition. La fois suivante
j'ai bien soin d'être arrivé avant le prélude, car j'ai
appris à mes dépens. L'expérience de la vie nous
apprend à observer les convenances et les lois établies,
sous peine de punition si nous les enfreignons.

2° Un joueur a remarqué qu'il fait une série de per-
tes juste au moment où certaine personne s'approche
de lui. Cette observation l'amène à la prier de se tenir à
l'écart. Il *sait* que le voisinage de cette personne entraîne irrémédiablement une perte. Voilà une idée
courante sur certaines influences et l'on a même pris
l'habitude de demander aux joueurs l'autorisation de
s'asseoir à côté d'eux.

3° J'ai touché le verre d'une lampe à peine éteinte,
et je me suis brûlé les doigts. Une autre fois, après
avoir éteint la lampe, j'attendrai que le verre soit
refroidi ; *je sais* qu'on ne peut pas le toucher immédiatement.

---

(1) Comparer « L'Activité de l'homme » par W. Tenicheff,
Paris, 1898, p. 41 à 57.

4° En étudiant la physique, j'ai appris que la lumière traverse l'espace avec une rapidité presque incommensurable, tandis que le son le parcourt beaucoup plus lentement, ne faisant qu'environ 337 mètres par seconde. En multipliant par 337, le nombre des secondes qui s'écoulent entre le moment où j'ai vu luire l'éclair et celui où j'entends gronder le tonnerre, je détermine la distance à laquelle sévit l'orage et je profite de cette *connaissance* pour trouver à temps un refuge.

5° J'ai lu deux livres. L'un affirme que l'État a besoin d'un système protectionniste, c'est-à-dire d'une série de forts impôts sur les marchandises importées de l'étranger pour faire prospérer l'industrie nationale. Par contre, le second livre prêche la liberté du commerce d'où doit naître le bien-être général, résultat du bas prix des objets de première nécessité. *Connaissant* la matière de ces deux livres, j'en profiterai pour les citer et faire ainsi parade de mon érudition. Quant au problème de la supériorité du protectionnisme ou du libre échange, il restera en suspens tant que je n'aurai pas des arguments décisifs.

6° Après une conférence sur Kant, l'auditeur se trouve être surtout impressionné par les réflexions suivantes du savant conférencier. « Le problème de la connaissance a divisé les philosophes en deux camps opposés. Les uns supposèrent que la connaissance est entièrement déterminée par l'expérience, que toutes ses données sont fournies par les sensations et transformées par la réflexion. Les autres furent d'avis qu'une partie seulement découle des sensations. Cette seconde école affirma que certains éléments de la connaissance

ne peuvent aucunement être déduits des sensations et
ne leur sont point assujettis. L'étude de sa propre conscience apprit à Kant que ni l'une, ni l'autre de ces
explications généralement admises de l'origine de la
connaissance n'est juste; les idées abstraires, telles
que celles de temps, d'espace, de l'infini, de causalité
etc., ne peuvent pas être ramenées à l'expérience
seule. D'autre part, ces idées, quoique toutes *a priori*,
ne peuvent être considérées comme absolument auto-
nomes, puisqu'elles ne sont que des formes (conditions
indispensables) de notre expérience.»

« La raison introduit dans l'acte de la perception
ses éléments propres, revêtant celle-ci de certaines formes qui lui sont particulières. Ces formes seules repré-
sentent les modalités de l'activité de la raison et ren-
dent possible la perception. Si nous n'avions que des
sensations, c'est-à-dire si au moment où les objets
agissent sur nous, *nous n'exercions pas de notre côté
une action sur eux*, il en résulterait quelque chose qui
ressemblerait au jeu du vent sur une harpe éolienne;
la connaissance expérimentale serait impossible. Elle
ne peut se produire que lorsque la raison saisit les
objets liés à des formes propres à la faculté percep-
tive.»

Après avoir établi quelques comparaisons, le conférencier continua ainsi :

« Nous voyons que, de son côté, la raison ajoute à
l'expérience des sens quelque chose d'absolument indépendant de celle-ci, quelque chose qui possède un
degré de certitude et de généralité auquel l'expérience
ne peut jamais prétendre. La certitude de l'expérience
est toujours limitée, et les déductions tirées de cette

même expérience, si riches qu'elles soient, ne peuvent jamais avoir le caractère de la généralité ; dans mille ans elles peuvent se trouver faussées. Il n'y a en général que ce qui est basé non pas sur l'expérience mais sur les *lois de la raison*, qui devient une vérité indéniable, admise par tous les hommes et inéluctable. »

« Après qu'on eut trouvé *le principe de la certitude*, il ne restait plus qu'à déterminer jusqu'à quel point il pouvait servir de base à nos connaissances. Kant a démontré que c'est sur ce principe, que reposent toutes les sciences.»

(Cette citation sur Kant est faite d'après l'Histoire de la Philosophie de Lewis, trad. russe, pp. 545-550.)

Cette conférence a tellement *suggestionné l'auditeur*, que depuis il commence à considérer avec un certain mépris les travaux de l'expérimentalisme qui doit inévitablement se tromper, tandis que, par ailleurs, on a trouvé un principe de certitude dans les idées *a priori* et les lois de la raison humaine.

7° Encore plus suggestive est la *philosophie positive* qu'Auguste Comte expose ainsi en termes généraux(1) :

« L'étude du développement des connaissances humaines dans tous les temps nous fait conclure que ce développement traverse trois phases : commence par la phase théologique, passe ensuite à la phase métaphysique et se termine enfin par la phase positive. L'animisme, le fétichisme, le polythéisme, et le

---

(1) La philosophie positive d'Auguste Comte, condensée par Miss Harriet Martineau, traduit de l'anglais, par Avezac-Lavigne, 2e édition, Par's, 1894, pp. 1-7.

monothéisme, voilà en quoi, au début, on cherche l'explication de toutes choses. La phase métaphysique n'est qu'une transformation de la précédente ; les agents surnaturels sont remplacés par les forces, conçues d'une manière abstraite. Enfin, dans la phase positive, l'homme renonce à la recherche stérile des principes absolus, de l'essence des choses, de la destinée de l'univers et s'adonne à l'étude des *lois régissant les phénomènes*, c'est-à-dire de leurs relations constantes de succession et de similitude. L'activité de l'esprit bien combinée avec l'expérience, tel est l'instrument de pareilles découvertes. »

« Chacun peut vérifier ces doctrines dans son propre esprit. Le besoin d'unifier et d'expliquer à l'aide de réflexions théoriques ce que nous éprouvons est propre à l'homme. Toute connaissance est basée sur l'expérience, mais les observations sont dirigées par les théories ».

Passant du développement historique à la définition de la philosophie positive elle-même, Comte trouve que le caractère principal de celle-ci se manifeste dans l'opinion, que *tous les phénomènes sont régis par des lois fixes*. Nous nous garderons donc de rechercher les causes prétendues primordiales ou finales, *mais nous étudierons les lois en question afin de les réduire au plus petit nombre possible.*

Comte signale les quatre catégories d'études de phénomènes, déjà fort avancées au point de vue de la méthode positive, qui sont : l'astronomie, la physique, la chimie et la physiologie. A ces quatre catégories, il ajoute l'étude des phénomènes de la physique sociale.

8° Non moins forte est l'influence exercée par les

conclusions auxquelles a abouti Ch. Darwin relative-
ment à *la lutte pour l'existence et la sélection naturelle*
et sexuelle. Voyons ces conclusions.

« Il est intéressant d'étudier un coin de terre couvert
d'une végétation touffue et variée, les oiseaux qui chan-
tent dans les arbustes, les insectes qui volent autour,
les vers qui rampent sur le sol humide, et de penser que
toutes ces merveilleuses formes, si différentes à la fois,
si dépendantes les unes des autres, sont engendrées
d'après les lois qui nous régissent. Ces lois, dans le
sens le plus large, sont : le développement et la reproduction ; l'hérédité liée presque indispensablement à
la reproduction ; la variabilité, résultat direct ou indi-
rect des conditions de la vie et de l'activité ou de la
non activité des organes ; la progression si rapide dans
la multiplication des êtres, qu'elle entraîne la lutte pour
l'existence et, par conséquent, la sélection naturelle à
laquelle sont liées indissolublement la dispersion des
caractères et la disparition des formes moins parfaites.
C'est ainsi que la lutte continuelle, la faim, la mort,
donnent naissance au phénomène le plus élevé qu'on
puisse imaginer, c'est-à-dire à l'avènement des formes
supérieures de la vie. Il y a de la grandeur dans cette
conception, selon laquelle la vie et ses diverses forces
ne furent au début insufflées qu'en un nombre res-
treint de formes ou en une seule forme. C'est d'elle
que sont issues et c'est à partir d'elle que se dévelop-
pent jusqu'à ce jour les innombrables formes d'une
beauté si merveilleuse tandis que la terre continue à
tourner suivant les lois éternelles de la pesanteur d'une
si grande simplicité. » (Charles Darwin et sa doctrine,
par K. Témiriaseff, 3e édition, Moscou, 1894, p. 185).

Dans son ouvrage sur *les Origines de l'homme et la sélection sexuelle*, comme l'indique le titre même, Darwin s'imposa une double tâche. Il a voulu d'abord montrer à quel point sa doctrine est propre à expliquer les caractères physiques et les principales facultés morales de l'homme ; ensuite faire voir le phénomène particulier de la sélection, qui ne se produit que dans le règne animal et qui consiste tantôt dans une lutte entre les mâles pour la possession d'une femelle, tantôt dans la préférence que celle-ci accorde à un certain mâle. Ce mode de sélection n'entraîne pas toujours et même n'entraîne point nécessairement la disparition de certains concurrents ; il ne fait que diminuer leurs chances de laisser une postérité.

Cette sélection donna lieu au développement de plusieurs organes de défense et même d'agression dont ne sont munis que les mâles, tels que la crinière du lion, les éperons du coq. De là aussi naquirent et se développèrent les nombreux organes qui ne servent qu'à embellir l'animal et qui caractérisent les mâles surtout dans la période de leur activité sexuelle, sans qu'on les retrouve ni chez les femelles, ni chez les animaux non adultes des deux sexes. Le rôle de ces organes consiste visiblement à attirer l'attention des femelles, à les séduire ; telles sont, par exemple, les teintes vives et les facultés musicales de certains oiseaux mâles. Ces organes ne sont pas d'une utilité immédiate et leur naissance n'est pas due à l'influence directe du milieu, car ils existeraient alors chez les individus des deux sexes. Pour confirmer cette opinion, Darwin cite une quantité de faits empruntés à l'organisation et aux mœurs des insectes, des poissons, des amphibies, des oiseaux, des mammifères et enfin de l'homme. Ces faits sont si nombreux qu'ils ne laissent pas dans l'esprit du lecteur le moindre doute : c'est à la suite de préférences accordées mutuellement par les représentants des deux sexes que, dans le monde animal, sont nées les particularités qui ont un caractère exclusivement esthétique et qui, par conséquent, n'étant d'une utilité immédiate ne peuvent être considérées comme résultat de la lutte pour l'existence. (Témiriaseff, ouvrage déjà cité, pp. 170 et 191.)

9° Terminons notre série d'exemples par la doctrine si large d'Herbert Spencer, sur les variations d'états qui se produisent dans l'univers et que dans sa théorie d'évolution il rapporte à deux types.

Le type d'une variation évolutive est caractérisé par ce que l'uniforme et l'incohérent, embrassé par un certain mouvement, passe à l'état de cohérent, de limité, de distribué en parties et perd la faculté de subir l'impulsion de ce même mouvement. Pour fortifier ce principe, Spencer cite une quantité d'exemples. En commençant par le système solaire et l'écorce de la terre, surgis de masses informes, il passe aux plantes et aux animaux qui lui fournissent un contingent d'exemples très frappants de ce que l'incohérent, sous diverses influences, se concentre en un organisme, ayant des parties déterminées, c'est-à-dire devient un tout cohérent et plus résistant qu'auparavant. Spencer ne se borne pas à ces exemples ; il termine en citant des faits, empruntés à la vie sociale de l'homme, tels que la formation de la langue, la spécialisation des arts, la formation des États venant remplacer les tribus éparses. Pour lui, le progrès est une des formes de l'évolution.

Après avoir signalé un état de certaine stabilité, Spencer oppose à l'évolution un autre type de variation d'état, à savoir la *désagrégation*. Celle-ci consiste en ce que le défini, le délimité comprenant des parties aux caractères particuliers passe à l'état d'incohérent, devient déliquescent et subit l'impulsion du mouvement qui avant sa désagrégation n'agissait pas sur lui. Spencer cite des hypothèses relatives au système solaire et à la terre, quoiqu'on ne puisse pas encore parler de leur désagrégation. Il trouve pourtant assez de faits à citer pour la désagrégation des organismes végétaux et animaux.

* * *

Les exemples précités nous montrent, que les influences que nous subissons, résultats de l'expérience ou de la suggestion, après avoir été intérieurement transformées par nous-mêmes, provoquent un certain changement en nous, nous dotent de certains attributs, généralement appelés *connaissances*. Les connaissances nous amènent à modifier notre conduite; en outre, elles sont transmissibles. Lorsque nous veillons, nous acquérons des connaissances tantôt en percevant les phénomènes extérieurs, tantôt en les transformant intérieurement, c'est-à-dire, en pensant. Voilà ce qui constitue l'état conscient, opposé à l'état de l'assoupissement, du sommeil.

Le contingent des connaissances de l'homme, c'est son contenu intérieur utilisable à l'occasion. Plus la vie est complexe, plus variées sont les connaissances qu'on acquiert. Ici apparait la faculté de l'homme de grouper ce qu'il perçoit conformément aux nécessités de la vie ; l'homme intelligent utilise les conclusions générales pour les appliquer aux cas particuliers.

Toutefois ce qui vient d'être dit ne constitue point un acquiescement aux théories philosophiques relatives aux lois de la raison et aux idées *a priori* inventées par quelque penseur de cabinet, qui néglige les expériences de la vie, ou par quelque professeur, en conformité des besoins de son enseignement.

La transformation intérieure des notions perçues dont nous venons de parler ne s'accomplit point conformément aux lois abstraites formulées par les savants, mais conformément à nos besoins aussi bien individuels qu'à ceux qui naissent des rapports sociaux. Les objets et les phénomènes qui ne présentent pas cette espèce d'intérêt pour nous passent simplement inaperçus, tandis que la moindre difficulté à satisfaire nos besoins nous force à diriger toutes nos connaissances anciennes ou nouvellement acquises pour vaincre les difficultés, de même que le sang afflue vers les organes qui accomplissent une certaine fonction ou qui s'apprêtent seulement à l'accomplir. Un homme soucieux dort mal, ou est souvent réveillé avec la pensée qui l'obsède.

Certes, dans une société civilisée l'étude des matières scientifiques avec leurs symboles et leurs abstractions, constitue une sorte de nécessité dont la satisfaction dans certaines conditions de la vie sociale est tout aussi indispensable que celle d'autres besoins. Ainsi, on ne peut ignorer ni le calcul, ni qui fut Louis XIV, ni que le Rhône se jette dans la Méditerranée, ni qu'il existe certains courants d'opinions suggérés par les écrivains célèbres etc. De telles connaissances constituent les nécessités de notre vie sociale. C'est pourquoi les formules des philosophes relatives aux lois de la raison et aux idées *a priori*, dans une société civilisée, font partie des connaissances indispensables.

L'ensemble des connaissances de l'homme ne reste pas invariable ; parallèlement aux changements de son existence les connaissances qui cessent d'être indispensables tombent dans l'oubli. Elles sont remplacées par d'autres, appelées par des nécessités nouvelles, ou qui sont modifiées. Je ne m'étendrai point ici sur l'influence que l'âge exerce sur les connaissances.

Les erreurs que nous commettons en acquérant les connaissances, tantôt grâce à une perception différente de la réalité, tantôt grâce à une déviation intérieure (par exemple les exagérations de la passion), entraînent souvent des conséquences funestes. C'est pourquoi les gens expérimentés, en acquérant des connaissances, les contrôlent et critiquent leurs raisonnements.

Le processus de l'acquisition des connaissances est caractérisé par le doute, par la recherche de la solution du problème qui se pose. Par contre, une connaissance généralement admise est appliquée inflexiblement et devient ce qu'on appelle une *vérité courante.*

Dans le domaine des connaissances, on distingue celles auxquelles s'applique *le principe de la causalité.* Lorsque le lien entre la cause et le résultat est reconnu indissoluble, on l'appelle *loi.* Celle-ci acquiert alors une importance particulière, puisque, dans maintes circonstances, l'activité humaine est jusqu'à un certain point réglée par elle.

Dans tout groupe social et dans toute société domi-

nent certaines vérités courantes et certaines conceptions de lien entre les causes et les résultats, vérités et
conceptions souvent repoussées par un autre groupe..
Ainsi, dans une société de spirites, il est généralement
admis que les esprits font danser les tables encerclées
par une chaîne de mains. Les anti-spirites nient cette
vérité courante. Les partisans de l'allopathie haussent,
dédaigneusement les épaules lorsqu'on leur signale les
succès du traitement par l'homéopathie, etc.

Pour en revenir à notre étude ethnographique, il nous
importe surtout de nous rendre compte *des vérités courantes et des conceptions sur le lien entre certaines causes et leurs effets*, idées qui dominent dans la classe
dont nous nous proposons l'étude.

II

En étudiant cette classe, il ne s'agit pas de passer
en revue tous les genres de connaissances. Laissant de
côté des notions qui ont un caractère purement indi-
viduel ou local, nous ne parlerons que des connaissances systématisées et élaborées, constituant pour
ainsi dire le patrimoine commun.

Les sciences et leurs diverses branches constituent des
sujets d'études dans les institutions *ad hoc*, telles qu'é-
coles, universités, académies avec leurs musées, leurs laboratoires, leurs observatoires, etc. Chacun peut puiser
des connaissances dans des livres d'un caractère scientifique. La manière dont nous allons poser les questions

de notre programme doit nous permettre de mettre en lumière le niveau que les gens appartenant à la classe mentionnée ont atteint dans les diverses subdivisions des connaissances considérées comme scientifiques.

Mais avant de passer aux questions de détail relatives à chaque sujet, il nous faut élucider les questions plus générales concernant les connaissances scientifiques, le degré de leur certitude, les méthodes pour se les approprier, et leur classification.

Il ne faut pas oublier que dans une société donnée et à un moment donné, la science nous apparaît comme le résultat de la civilisation; elle a ses traditions et même ses survivances. La science est conservatrice, elle est respectée de tous et jalousement gardée par tout un groupe d'hommes intéressés à ne pas laisser ébranler l'autorité de la science par l'irruption de nouveaux courants d'opinion. Il s'ensuit que, dans toute société, il y a une science quasi officielle généralement admise, issue des temples qui lui sont consacrés, prêchée par une congrégation dûment autorisée de professeurs et de savants. Les vérités et les lois sanctionnées par la science sont acceptées par tout le monde sans résistance. C'est ainsi que pour mettre en lumière les connaissances scientifiques des personnes appartenant à la classe que nous voulons décrire, il nous faut tout d'abord voir quelle est la manière d'être de ces personnes, par rapport à l'autorité de la science, et répondre aux questions suivantes :

Tout ce qui est *scientifique* c'est-à-dire les sociétés savantes, les académies, les universités, les cours de professeurs, les ouvrages scientifiques, les manuels etc., ne jouit-il pas dans ce milieu d'une autorité incontestée, considérée comme infaillible ? Cette conception ne découle-t-elle pas principalement de ce que la majorité des personnes qui composent ce milieu, après avoir accompli le temps de leur scolarité, durant lequel l'élève est entièrement soumis à l'autorité des professeurs, cessent de s'occuper des matières scientifiques, grâce à quoi elles ne peuvent plus critiquer les travaux des autres et continuent à s'incliner humblement devant le savoir ?

Le problème de la certitude des connaissances scientifiques préoccupe les philosophes et les savants depuis l'antiquité, surtout grâce aux controverses qui ont surgi entre les adeptes de diverses écoles. Déjà trois cents ans avant J. C., les sceptiques déniaient aux connaissances scientifiques toute certitude et ils disaient :

« A des moments divers, les objets paraissent divers. »

La raison, déclaraient les philosophes, est le critérium de la vérité, et elle est apte à distinguer les objets ; sur ce point, Platon et Aristote sont d'accord. A quoi les sceptiques répondaient : « Très bien : que la raison soit votre critérium ! Mais de quelle manière prouverez-vous que ce critérium lui-même distingue justement les objets ? »

L'induction est une conclusion générale tirée du particulier. Mais cette induction n'est juste qu'en tant que le particulier concorde avec le général. Le général doit par conséquent, être vérifié avant qu'on aborde l'induction ; un seul cas différent ébranlerait la vérité de l'induction (Pyrrhon).

Pour rendre cette pensée plus claire, citons un exemple. Admettons qu'il s'agit de l'affirmation que tous les cygnes sont blancs. On dit que les cygnes sont

blancs, car tous les cygnes particuliers que nous avons
vus étaient blancs. Ici le général (la blancheur) est
établi sur des faits particuliers et cette induction est
juste en tant que tous les autres cygnes sont blancs.
Mais il suffirait d'un seul cygne noir, pour que l'induction antérieure perdît sa certitude. C'est pourquoi,
dit Sextus, si vous n'êtes pas en état de vérifier à quel
point l'universel concorde avec chaque fait particulier,
c'est-à-dire si, dans le cas dont il s'agit, vous n'êtes
pas en état de prouver qu'il n'existe point de cygnes
noirs, toute votre induction n'est ni vraie ni exacte.
Mais il est évident qu'une pareille vérification est impossible (Histoire de la philosophie de J. Lewis, trad.
russe, p. 348–350).

Descartes affirmait la vérité par l'évidence, lorsque le
doute est impossible. Il avait certainement raison
comme mathématicien en tant qu'il s'agissait de nombres et de formules. Mais aussitôt que nous sortons de
la sphère étroite de nos constructions où on attribue
une signification convenue aux symboles (l'égalité des
unités dont on se sert, le compte basé sur un système
généralement admis, la généralisation de différentes
combinaisons de nombres lorsqu'on les représente par
des lettres, etc.) l'évidence et l'absence du doute de-
viennent insuffisantes comme base d'une certitude iné-
branlable. Pour s'en convaincre, on n'a qu'à comparer les manuels anciens avec les contemporains ; beaucoup de ce qui autrefois paraissait évident, aujourd'hui
ne se retrouve plus dans cette sorte de livres, y est
remplacé par les résultats de recherches nouvelles.

D'autres philosophes, surtout ceux appartenant à
l'école Ecossaise, proposaient de prendre pour guide

le bon sens pour se rendre compte du degré de la certitude, ce qui est aussi peu défini que l'absence du doute et exprime plutôt l'exigence de ne pas tomber en contradictions, d'être logique. Du reste, comme on le sait, la logique formelle élaborée par Aristote et exposée dans ses syllogismes, enseigne l'ordre dans les idées mais ne fournit point de critérium pour reconnaître si l'opinion émise est fausse ou vraie.

Ainsi semble-t-il que les sceptiques aient raison et aujourd'hui encore on peut souvent entendre affirmer que la science est insuffisante.

Toutefois le scepticisme qui avait sa raison d'être tant qu'il pourchassait la science consistant dans la recherche des vérités absolues, perd peu à peu du terrain depuis que les sciences naturelles et les procédés de l'expérimentation, servant de base à tant de grandes découvertes, ont obtenu l'importance capitale. Selon Windelbandt (Histoire de la philosophie, traduction russe de P. Roudine, Saint-Pétersbourg, 1898, p. 327) le début de cette renaissance de la science date environ du commencement du XVIIᵉ siècle. « Quoique le développement de la méthode propre aux sciences naturelles depuis Kepler jusqu'à Galilée et Newton ne constitue pas la naissance d'une nouvelle philosophie, nous dit cet auteur, en tout cas elle présente une série d'événements qui la conditionnent (p. 353). »

« Les grandes découvertes au delà des Océans, grâce auxquelles l'homme pour la première fois est devenu maître de sa planète, l'invention du compas, de la poudre et de l'imprimerie ont opéré une puissante révolution en peu de temps, aussi bien dans la vie sociale que dans la vie individuelle de l'homme. Une ère nouvelle de civilisation s'ouvrit et l'imagination fut embrasée d'une excitation passionnée. Tout paraissait possible. Le télescope dévoilait les mystères des cieux ; les forces terrestres commençaient à obéir à l'expérimentateur. La science tendait à devenir le guide de l'homme dans les victoires qu'il remportait sur la nature » (p. 361).

Les gens perspicaces voyaient de plus en plus clairement qu'on ne pouvait plus se contenter des controverses de métaphysiciens affirmant que l'esprit spéculatif, indépendant de l'expérience, garantit d'une manière absolue et définitive tout ce qu'il déduit de lui-même. Il a fallu au contraire reconnaître une importance prépondérante à l'étude des résultats fournis par les observations et les expériences artificielles, et ensuite aux déductions tirées de ces données utilisables pour la vie de l'homme et de la société.

Dès la fin du xvi° siècle, Bacon, après avoir examiné les causes d'erreurs (les *idoles*, comme il les appelle d'une manière figurée, c'est-à-dire ces prétendues divinités devant lesquelles l'esprit humain a depuis si longtemps l'habitude de s'incliner) indiqua la manière de s'enquérir des données réelles propres aux conclusions générales.

« La première tâche, dit-il, dans l'induction, consiste à faire l'histoire (la description) des phénomènes qu'on se propose d'étudier, avec toutes leurs modifications et leurs manifestations. Cette histoire doit embrasser non seulement tous les faits qui d'eux-mêmes s'offrent à l'observation, mais aussi toutes les expériences qui ont été faites en vue d'une découverte scientifique ou d'une autre fin relative aux arts appliqués. On doit composer cette histoire très attentivement, les faits doivent être mis en ordre et décrits le plus minutieusement possible; leur authenticité doit être très soigneusement vérifiée. Quant aux faits douteux, sans qu'il faille les rejeter, on doit les consigner comme sujets à caution, en expliquant pourquoi on les considère comme tels. Cette explication est indispensable car souvent les faits ne nous paraissent douteux que parce que nous ne les connaissons pas assez. Mais, lorsque la quantité de nos connaissances relatives à ces faits sera accrue, ils cesseront de nous paraître surprenants. » (Lewis, ouvrage déjà cité, trad. russe, p. 354).

Sous l'influence de la renaissance de la science, la philosophie commença à être non seulement critiquée, mais aussi sévèrement blâmée. Hobbes se prononça à ce sujet (vers 1640) de la manière suivante :

« L'homme jouit du privilège exclusif d'élaborer des idées générales. Mais ce privilège est compensé par un autre, celui de créer des absurdités, ce qui n'est propre à nul être vivant sauf l'homme. *Parmi tous les hommes cette aptitude est particulièrement propre à ceux qui s'occupent de la philosophie* ». (Lewis, même ouvrage, p. 430).

En étudiant le développement historique de la science moderne, nous remarquons que les grandes découvertes et inventions subséquentes ainsi que les recherches scientifiques qui s'y rattachent et les événements importants de l'histoire du monde civilisé, modifièrent considérablement ce qu'on demande généralement à la science. La métaphysique avec ses vérités absolues, ses causes finales et ses idées *a priori* est devenue beaucoup plus modeste. Actuellement ce n'est plus qu'en qualité

de survivance qu'elle végète dans quelques vieux temples de la sience à moitié ruinés et non reconstruits encore, tels que certaines anciennes universités allemandes.
C'est là qu'on enseigne encore des matières où il y a plus
de finesse dialectique que de fond; et les docteurs en philosophie qui en sortent sont contraints de chercher
une spécialité mieux appropriée que la leur aux exi-
gences de la vie moderne. La science contemporaine
est obligée de satisfaire les divers besoins de la vie de
plus en plus complexe des peuples civilisés. Ces
besoins provoquent la création d'une multitude d'écoles spéciales telles que les écoles techniques, les écoles
de médecine, celles du droit, etc. La méthode prédomi-
nante y consiste à rechercher les données réelles et à
utiliser celles qui ont été trouvées antérieurement pour
en tirer des conclusions. Actuellement il est presque
inadmissible de vouloir prouver quelque chose autre-
ment qu'en citant des faits et même, lorsqu'il s'agit de
problèmes aussi compliqués et si embrouillés que ceux
du droit et de l'économie politique, il est devenu indispensable de s'appuyer sur les données historiques et sur
la statistique.

La certitude des connaissances acquises par voie
d'observation, d'expérience et par suite des conclusions qu'on en tire n'est certes pas absolue. Mais les
expériences peuvent être reproduites et vérifiées et les
conclusions sont sujettes à la critique. Ainsi protégé
contre les erreurs, l'homme peut se servir de ses connaissances scientifiques, tant qu'on n'y trouve quelque
faute, quelque erreur, tant qu'on n'a pas fait quelque
nouvelle découverte, modifiant les résultats obtenus
antérieurement.

Ainsi, vu les modifications survenues dans ce qu'on demande généralement à la science, on n'est plus astreint à parler de son insuffisance comme le font avec mécontentement les partisans de la métaphysique. On ne peut que constater qu'il reste encore une quantité de problèmes à résoudre et que le champ des futurs travaux scientifiques est infini. Ajoutons cependant que l'élément traditionnel joue encore un grand rôle dans la science, et que, comme nous l'avons dit précédemment, plusieurs choses y tiennent encore debout grâce à l'autorité dont jouissent les établissements scientifiques.

C'est la méthode dont nous venons de parler que Comte appelle *méthode positive*. Ce qui y est sutout digne d'attention, *c'est l'expérimentation artificielle*.

Les expériences artificielles bien dirigées produisent des résultats qui nous servent subséquemment, aussi bien dans nos études des phénomènes de la nature que dans des applications variées, qui, comme les applications de la vapeur et de l'électricité, constituent l'orgueil du siècle expirant.

Se produisent sous nos yeux les phénomènes de la nature; au ciel, sur la terre et dans ses entrailles, chez les êtres animés et enfin dans la vie de l'homme et dans la société. Mais il y a aussi des phénomènes que l'homme provoque artificiellement. Il prend la matière que lui fournit la nature, la soumet à l'élaboration et obtient un produit qui diffère de la matière primitive par sa forme et par ses qualités. L'homme cultive les plantes; il obtient de même par l'élevage, des espèces animales différentes de celles qui les ont engendrées

Il établit même quelquefois des lois temporaires en guise de procédé d'expérimentation.

De ce que nous venons de dire il ressort que, dans ses expériences artificielles, l'homme n'opère pas sur les phénomènes naturels, mais sur les résultats d'une élaboration, faite à l'aide de certains procédés, de certains instruments de précision, de certains appareils de différente nature, etc. Voilà pourquoi il faut un certain savoir pour refaire les expériences qui différemment pourraient ne pas réussir; il faut expérimenter avec précision, c'est-à-dire en écartant les conditions qui pourraient occasionner des perturbations quelconques. C'est ainsi que cette précision rentre dans la compétence des assistants ou des préparateurs travaillant dans les laboratoires ou dans les cours.

Le caractère le plus saillant de ces expériences consiste dans la régularité de leur plan, régularité ayant pour résultat certains rapports fixes, qui peuvent constituer des lois.

Là, où nous pouvons appliquer un calcul préalable, surtout dans des constructions d'appareils mécaniques, nous sommes en état de nous servir d'une formule mathématique qui déterminera la loi du fonctionnement de la machine. Certes les conséquences théoriques de la formule et ses résultats pratiques se trouvent en désaccord, grâce à des influences indirectes difficiles à calculer. Mais en pratique, on tient compte de ces légers écarts ou bien on introduit des corrections dans le calcul.

Comme exemple d'un appareil mécanique, dont la construction est basée sur un calcul préalable, citons le pendule. Selon les données théoriques, le pendule mis une fois en mouvement oscillerait indéfiniment, s'il n'y avait pas de frottement ni de résistance de l'air. La durée de l'oscillation du pendule est fonction de sa longueur et peut être déterminée par une formule mathématique; un pendule court fera plus d'oscillations qu'un pendule long pendant un laps de temps identique. Après avoir construit plusieurs pendules de longueurs différentes, nous trouvons que la durée de leurs oscillations se rapproche de celle donnée par la formule. Il est évident que dans la pratique nous trouvons des écarts par rapport à la théorie. Grâce au frottement et à la résistance de l'air, le pendule, après quelques oscillations, finit par s'arrêter. Le froid le raccourcit; la chaleur le dilate. Il est indispensable d'introduire des corrections, si nous voulons nous servir du pendule pour mesurer le temps; c'est ce que nous faisons en le munissant de certains appareils d'horlogerie.

Les instruments de précision, les microscopes, les télescopes, etc., les procédés chimiques — tout cela a donné à l'homme la possibilité d'étudier à part un certain côté de la question, même dans les phénomènes les plus complexes. On est parvenu ainsi à élucider certains faits et faire des découvertes importantes. L'invention d'un appareil scientifique, a dit Claude Bernard, a une valeur plus grande que la construction d'un système philosophique.

Les phénomènes de la nature, caractérisés par leur simplicité, leur périodicité, et capables d'être soumis à l'observation et à l'expérimentation, ont ouvert à l'homme une arène où il a pu, grâce aux procédés sus-

mentionnés, obtenir des résultats positifs et même dé-
couvrir l'enchaînement des faits; cet enchaînement, à
son tour, a pu donner naissance aux lois générales. Ce
but a été atteint surtout par l'astronomie. Newton no-
tamment a couronné les grandes découvertes de ses
prédécesseurs par une découverte plus importante encore — celle des lois de la gravitation.

L'ensemble des découvertes subséquentes eut pour
résultat que le xix° siècle nous a légué, comme conception des savants, l'idée que tout est régi par des lois im-
muables. Auguste Comte se révéla comme l'adepte le plus
fervent de cette théorie; il a proclamé que le progrès des
sciences amènera de plus en plus la découverte des lois
naturelles et que ces lois seront de plus en plus générales, c'est-à-dire que les lois particulières se fondront
en des lois générales. La sentence énoncée par le positi-
viste se rapproche par son caractère des traditions des
métaphysiciens et ne parait pas avoir des bases plus
solides que la théorie des idées *a priori*.

La découverte des lois naturelles est si attrayante,
que certains savants se contentent d'indications vagues,
pour formuler une loi hypothétique; ensuite, ayant
fait quelques expériences appropriées, ils déclarent la
loi découverte. Plus tard, on arrive à la vérification
et, si l'on découvre quelques irrégularités, la loi est
précipitée de son piédestal. La littérature scientifique
offre beaucoup d'exemples de ce genre; nonobstant,
un grand nombre de penseurs péchent contre les pré-
ceptes de Bacon, et considèrent comme indubitable ce
qui est à peine digne de constituer une hypothèse.

Claude Bernard, qui avait affaire à l'étude des organismes vivants, était plus modeste, et se contentait

d'affirmer que les conditions identiques donnent lieu à des résultats identiques ; c'est ce qu'il appelait le *déterminisme*. Certainement les conditions identiques n'existent pas; mais elles peuvent être approximativement semblables, et alors nous avons une certaine base pour espérer des résultats, peu différents de ceux préalablement connus. C'est dans les expérimentations artificielles justement, que nous tâchons de nous mettre dans des conditions identiques.

Les lois « naturelles » découvertes par cette voie devraient être nommées plutôt des « lois extraites de nos expérimentations. »

Nous avons dans la physique une description presque continue d'appareils et d'instruments servant à l'étude des propriétés générales des corps, telles que la chaleur, la lumière, l'électricité, etc. Ici, les résultats des expériences énoncées même quelquefois par des formules mathématiques, sont applicables aux phénomènes de la nature en tant que nous pouvons les restreindre à être observés à l'aide de nos appareils, sans laisser s'introduire des influences perturbatrices.

III

La classification des sciences, élaborée par la philosophie actuelle, pénètre-t-elle dans la classe cultivée de la population que nous nous proposons d'étudier?

« La tâche que se propose la classification des sciences, dit Auguste Comte, c'est d'élucider la dépendance d'une science vis-à-vis d'une autre et de l'ensemble des sciences vis-à-vis de chacune en particulier. »

Les phénomènes astronomiques sont les plus généraux, les plus simples et les plus abstraits; c'est pourquoi c'est par eux que doit commencer l'instruction; ils influent sur tous les phénomènes terrestres (grâce à la loi de la gravitation) en étant eux-mêmes indépendants. En descendant sur la terre, nous étudions les phénomènes physiques, communs à tous les corps, y compris certaines manifestations chimiques qui en dépendent.

Ensuite, en différenciant les corps inorganiques des corps organiques, nous trouvons que ces derniers présentent des phénomènes, des processus vitaux, très compliqués et dépendant des phénomènes de la nature inorganique, alors que la réciproque n'a point lieu.

Les manifestations vitales constituent l'objet de la *Biologie*. Ici nous voyons apparaître l'homme, et enfin les phénomènes se rapportant à la vie sociale et constituant le domaine de la *Sociologie*. Ces derniers sont plus compliqués que ceux qui ont trait à l'individu et en dépendent.

De cette façon, Comte, en comparant les phénomènes et en les groupant en catégories, nous donne les bases de sa classification. Cette classification comprend cinq sciences fondamentales, qui se suivent dans un ordre strictement déterminé et non susceptible de changement. La première des sciences, l'*Astronomie*, s'occupe des phénomènes les plus généraux. phénomènes simples et abstraits, les plus éloignés des phénomènes de l'humanité; ils influent sur tous les

autres, mais en sont indépendants. La dernière du
groupe, la *Sociologie*, étudie les phénomènes les plus
compliqués, les plus spéciaux et concrets, ceux qui
touchent l'homme de très près; il dépendent plus ou
moins de toutes les catégories précédentes de phénomènes, mais en même temps, ils n'exercent aucune
influence sur ceux-là. Entre ces deux points extrêmes
se placent les sciences qui étudient les phénomènes
selon leur degré de spécialisation, de complexité et de
dépendance croissante.

Herbert Spencer établit sa classification des sciences
sur d'autres bases. Il soutient que la classification la
plus large et la plus naturelle divise les sciences en
deux grandes classes, les sciences s'occupant des rapports abstraits qui ont lieu entre les phénomènes d'un
côté, et les sciences étudiant les phénomènes eux-
mêmes. (Classification des sciences de H. Spencer.
Traduction russe de N. N. Spiridonoff, Moscou, 1897,
p. 10).

C'est la classification de Comte qui sert surtout de
point de départ aux manuels récents de philosophie,
mais généralement les auteurs des manuels y ajoutent
des commentaires, des compléments et des modifications sans grande valeur du reste.

Se trouvera-t-il quelqu'un pour faire l'enseignement
selon les classifications mentionnées? Ce serait une
question oiseuse de plus; et celui qui est imprégné de
science ne s'occupera sans doute pas de grouper ses
connaissances d'après un ordre exigé par les susdites
classifications.

Dans la classe qui est l'objet de notre étude, la classification des sciences ne correspond-t-elle pas plutôt

au genre des professions spéciales auxquelles s'adonnent les jeunes gens? Ainsi, par exemple, les mathématiques, la mécanique, la physique, la chimie et l'architecture sont indispensables à l'ingénieur; les sciences naturelles, l'anatomie et la physiologie humaines, la pathologie, la chimie, etc., au médecin; l'histoire, le droit romain, le droit civil, le droit criminel, l'économie politique, au juriste, et ainsi de suite?

N'est-on pas convenu de diviser l'instruction en enseignement technique et général?

Comme je me propose de rapporter aux matières de l'instruction générale les questions du programme qui vont être traitées ensuite, il s'agit de rechercher d'abord quelles espèces de connaissances, en dehors des plus élémentaires, sont considérées comme signe de l'instruction dans la classe qui nous occupe. Considère-t-on comme *plus important de posséder des connaissances utiles aux individus et les rendant aptes à servir la société*, ou bien juge-t-on le degré de l'instruction supérieur lorsqu'on peut faire montre de connaissances astronomiques, archéologiques, mythologiques, et lorsqu'on peut à l'occasion citer quelque sentence latine ou même grecque?

ÉTUDE CRITIQUE

LA PSYCHOLOGIE

On entend sous le nom de Psychologie la science de l'âme, des états d'âme.

Si l'on admet comme scientifiques les objets de l'enseignement introduits dans les écoles, il faut considérer aussi que la pychologie est une science, car elle est enseignée non seulement dans les universités, mais encore dans les collèges. C'est une autre question de savoir si l'étude de la psychologie et la lecture des traités qui lui sont consacrés nous fournissent un enseignement utile pour la vie pratique.

Nous avons défini les connaissances : *des résultats d'expériences, d'enseignement, d'actions simultanées de toutes sortes d'influences*, résultats qui nous obligent à modifier notre ligne de conduite, d'après nos impressions. Quand l'objet d'étude ne nous touche pas de près, ne nous touche que superficiellement, ce phénomène ne se produit pas.

Pour répondre à cette question, quels sont les résultats utiles qu'on obtient de l'étude de la psychologie, analysons sommairement les données principales des psychologues.

Wundt dans ses « Leçons sur l'âme de l'homme et des animaux (1) » déclare, que *l'objet de la psychologie réside dans l'étude de ce que nous appelons l'expérience intérieure intime, par opposition à l'expérience des objets extérieurs, dont s'occupent les sciences naturelles.*

C'est à ces phénomènes intimes que se rapportent nos propres sensations, nos impressions, nos pensées et nos désirs.

Bain, dans sa « Psychologie » nous donne la définition suivante : « Les connaissances humaines, l'expérience ou la conscience se divisent en deux grands groupes appelés dans le langage ordinaire la matière et l'esprit et dans le langage scientifique — philosophique — le monde extérieur et intérieur « le moi et « non moi », « l'objet » et le « sujet » (2).

On peut distinguer dans la psychologie deux conceptions : le spiritualisme et le matérialisme.

Le spiritualisme se base sur l'importance élevée de la vie intellectuelle et sur l'analyse des caractères de nos états d'âmes. Hefding (3) attire notre attention sur ce que le caractère particulier de la conscience est de rassembler ce qui est épars dans l'espace et dans le temps. « Je conserve dans ma mémoire ce que j'ai vécu

---

(1) Traduction russe de la 2º édition de Rosenbach, Saint-Pétersbourg, 1894, p. 1.

(2) A. Bain, « Psychologie, » trad. russe, 2e édition, p. 1.

(3) « Esquisses psychologiques » de Hefding, trad. russe, rédact. Konoubowski, Saint-Petersbourg, 1898, p. 10.

et ma pensée embrasse et compare, en un instant, ce qui est séparé dans le monde extérieur par le temps et l'espace. Tout ce qui apparaît à ma conscience est lié beaucoup plus intimement que dans le monde physique. Ici nous voyons cette unité qui enveloppe tout, ce lien intime que nous ne trouvons nulle part ailleurs. N'est-ce pas suffisant pour attribuer à l'âme une existence indépendante et la considérer comme une substance immatérielle? »

Un autre point de vue est celui qu'envisagent certains naturalistes et médecins, sous l'influence du domaine dans lequel ils sont appelés à travailler. Ils penchent pour l'explication des phénomènes spirituels par le naturalisme; d'où le *matérialisme*, construit avec des éléments physiologiques. Ainsi, les sensations, les idées et la pensée sont considérées comme des fonctions physiologiques du système nerveux. La pensée est considérée comme une simple fonction du cerveau, des éléments dont il se compose, car cette fonction cesse dès que la circulation s'arrête et que la vie s'éteint. (Wundt, *loc. cit.*, p. 6, 5).

D'ailleurs il a été reconnu de tous temps que nous pensons avec le cerveau et nous aimons avec le cœur, dont les battements s'accélèrent sous l'influence d'une inclination croissante.

Le matérialisme se contente d'appeler le cerveau et le système nerveux « le substratum » de l'action psychique. Évidemment le mot « substratum » ne nous donne pas des notions satisfaisantes et le matérialisme, si éloquemment qu'il soit exposé, laisse sans réponse et sans explication les questions concernant nos représentations, nos idées, nos pensées, nos désirs, etc...

Cependant il nous faut communiquer les uns aux autres nos états d'âme. Dans une société civilisée le langage nous permet de le faire, et les expressions différentes s'adaptent à la diversité de ces sentiments intimes. Les philosophes s'occupent depuis longtemps de régler ces expressions et de trouver les lois de nos états d'âme; c'est là l'objet des traités de psycholologie. D'ailleurs la psychologie contemporaine ne néglige pas les fonctions du système nerveux et considère comme indispensable d'exposer les conditions de ces fonctions ainsi que celles des organes des sens, en faisant à la physiologie les emprunts qui lui sont nécessaires.

Les expériences tentées dans les dernières décades du XIXᵉ siècle, destinées à trouver les relations entre l'excitation et la sensation, ainsi que les conditons nécessaires pour éprouver une sensation (ou comme on dit dans la langue scientifique à lui faire passer le seuil de la conscience), ont donné lieu à tout un groupe de connaissances appelées « psycho-physiques » dont le psychologue est obligé de tenir compte, quoique une partie de ce groupe rentre dans le domaine de physiologie (étude des organes des sens). Voici les principaux résultats de la psycho-physique :

Si, après avoir regardé longtemps un objet éclairé, nous fermons les yeux, il nous reste une image de l'objet. De même une nouvelle excitation se combine avec la *trace* de la précédente; voilà pourquoi, lorsque nous faisons tourner rapidement un cercle divisé alternativement en segments blancs et noirs, les impressions se superposent et nous obtenons une sensation ininterrompue de nuance grise. La possibilité d'avoir une sensation dépend de la vitesse avec laquelle les excitations se succèdent. Si nous posons le doigt sur une roue dentée tournant avec une rapidité déterminée, on peut dans une seconde obtenir jusqu'à 1,000 sensations distinctes. Augmentons-nous la vitesse, nous n'avons, au contraire, qu'une seule sensation ininterrompue.

Il faut qu'il y ait non seulement un temps appréciable entre les excitations qui se suivent, mais encore une certaine augmentation de stimulus pour avoir une sensation nette. Si l'augmentation de l'excitation reste constante et faible, elle peut passer inaperçue. Les excitations très faibles sont englobées par les excitations précédentes ou simultanées, sans provoquer une sensation distincte. Ce qu'on appelle « le seuil de la conscience » n'est pas toujours au même niveau; ce niveau s'élève si l'opposition entre les sensations qui se suivent ou qui ont lieu simultanément n'est pas assez grande. D'un autre côté, ce niveau baisse dans certaines conditions, grâce à l'exercice et à l'accoutumance. Si nous écoutons un son qui s'éteint graduellement, nous l'entendons jusqu'à un minimum d'intensité qui échappera à celui qui n'a pas suivi le son dès le commencement.

Pour que la sensation s'accroisse dans une certaine mesure l'excitation doit être d'autant plus forte que son intensité primitive était plus grande.

Fechner (Elemente der Psychophysik) l'exprime de la façon suivante : « L'excitation doit croître en progression géométrique pour que la sensation augmente en progression arithmétique. » Pour que la sensation s'élève de 1 à 2, l'excitation doit s'élever de 10 à 100 et de 100 à 1000 pour que la sensation s'élève de 2 à 3, etc... Cette loi appelée loi de Weber, du nom de son

inventeur, peut être approximativement appliquée aux
sensations de la vue, de l'ouïe et du toucher (pression).
Elle est moins valable pour les autres sens. Néanmoins
on essaye de l'appliquer dans des combinaisons com-
pliquées. Ainsi, par exemple, en comparant le bien-
être d'un individu avec sa fortune on soutient que la
fortune doit s'accroître en progression géométrique
pour que son bien-être augmente en progression arithmétique; c'est une application de la loi de Weber.

La sensation perçue dépend, en sa qualité et en sa
force, de l'état de conscience qui la précède ou l'acom-
pagne.

Ainsi par exemple une même excitation peut produire selon les conditions tantôt une sensation de froid,
tantôt une sensation de chaleur. Lorsque nous rem-
plissons un récipient d'eau, ayant la température de
notre corps, un autre d'eau plus chaude, un troisième
d'eau froide, mettons-nous la main gauche dans l'eau
froide et la main droite dans l'eau chaude et, après les
avoir retirées brusquement, les plongeons-nous dans
le premier récipient, — la main droite alors sentira le
froid et la main gauche sentira le chaud, sensations
qui n'auraient pas été perçues précédemment.

L'effort que l'on ressent pendant un mouvement
actif dépend de la vitesse précédente, etc...

Ce sont les expériences nombreuses et variées du
domaine de la psycho-physique qui nous expliquent
pourquoi les mêmes excitations produisent des impressions différentes, suivant les impressions qui les précè-
dent ou les accompagnent.

En même temps nous nous expliquons la possibilité
d'erreurs dans les jugements fondés sur nos sensations.

Par opposition à la psycho-physique, qui donne quelques connaissances positives, *les (soit disant) lois d'associations des idées*, qui sont le cheval de bataille des psychologues, nous amènent au contraire à des conceptions de caractère hypothétique, spéculatif. C'est ici surtout que l'on voit combien les psychologues tiennent peu de compte des besoins de la vie humaine qu'ignore leur science de cabinet.

L'âme est pour eux une table rase, où s'accumulent les représentations suivant les empreintes laissées par les impressions des sens ; ces empreintes d'après les psychologues dépendent de la fréquence plus ou moins grande de leur répétition et de leur intensité.

A propos des lois énoncées sur les associations des idées, je citerai les résultats suivants tirés de mes propres recherches (1) :

« La majorité des psychologues soutient des théories qui font dépendre l'acquisition de nos connaissances du nombre des répétitions des phénomènes et des événements. Ce point de vue n'est pas toujours d'accord avec la réalité. Il est reconnu que nous ne nous souvenons que des choses qui sont en rapport avec notre existence, notre position familiale et sociale, en un mot avec nos intérêts ; quant à tout le reste, nous ne nous en soucions pas. Chaque mouvement de notre tête, la direction de nos yeux, l'attention de notre oreille, trahissent un certain intérêt. On sait que les organes des sens ont surtout une tendance à saisir les objets et les événements qui se rapportent à nos be-

---

(1) «L'Activité des Animaux», Paris, 1890, pages 185-189.

soins ; dans certains cas, ils fonctionnent même pendant le sommeil : ainsi une mère se réveille au cri de son enfant. Nous laissons passer une quantité d'objets et de faits sans nous y arrêter, jusqu'à l'instant où ils nous concernent et forcent par cela même notre attention. Les répétitions sont réellement indispensables quand certains côtés d'un phénomène ne nous ont pas encore atteint. En revanche, ceux qui laissent une forte impression n'ont pas besoin d'être répétés pour être retenus dans leurs moindres détails. De plus, lorsqu'une chose cesse de jouer un rôle dans la vie, elle s'oublie facilement.

Notre faculté d'analyse est le résultat de l'expérience et du développement des organes des sens, car dès le berceau nous n'avons jamais devant nous des objets produisant une sensation simple.

Un enfant de six mois, (observation de Preyer), commence à reconnaître la nourrice, le biberon, qui constitue pour lui, avec l'acte de téter, un seul et même phénomène. Ensuite il saisit lui-même les objets qu'il fourre dans sa bouche, apprenant ainsi à les distinguer. Plus tard l'enfant se dirige vers une armoire pour y chercher des friandises, vers la bibliothèque pour y prendre des livres, et constate une différence entre ces deux catégories d'objets, mais quant aux objets qui n'ont pas de rapport avec la vie de l'enfant, il se passe des années sans qu'il les remarque dans sa chambre.

Les individus parviennent également, dans des sphères spéciales, à distinguer des détails insaisissables pour les autres, tandis que pour le reste ils ne s'aperçoivent pas de différences notables. Par exemple, un

Européen ne distingue presque pas un nègre d'un autre
nègre.

Ce qui précède nous autorise à limiter l'application
des soi-disant lois d'association (Bain,« Psychologie »,
traduction française) que voici :

1° La loi de contiguïté : les actions, les sentiments et
les états de conscience qui coexistent ou se suivent
immédiatement, tendent à surgir simultanément, et
sont reliés de telle façon que lorsque plus tard l'un
d'eux revient à l'esprit, les autres réapparaissent en
même temps.

2° La loi de similitude : les actions actuelles, les sensations, les idées et les émotions tendent à en faire
naître d'autres semblables et déjà éprouvées.

Ces lois ne sont vraies qu'autant que la contiguïté et
la similitude ont trait à une des conditions nécessaires
à la vie. Quand un psychologue dit qu'en voyant un
objet rouge je me rappelle d'autres objets rouges déjà
vus, il a raison dans le cas où, par exemple. je choisis
la couleur d'un costume pour produire de l'effet. Mais
il se trompe s'il affirme la même chose à propos d'un
mécanicien qui aperçoit le drapeau rouge devant lequel
il est obligé d'arrêter le train. Dans cette circonstance,
le mécanicien ne pense guère aux objets rouges qu'il a
pu voir précédemment, mais aux obstacles à la marche
du train qui peuvent lui être signalés par le drapeau
rouge.

La ressemblance entre les objets a pour base non
pas leurs propriétés physiques, chimiques ou autres,
comme le prétend le psychologue, mais les rapports de
ces objets avec nos besoins. Il faut faire des études spéciales pour classer les objets d'après leur consistance,

leur élasticité, leur solubilité dans l'eau ou dans les acides, etc...

Les associations d'idées basées, comme le prétendent les psychologues, sur des contrastes surviennent l'orsqu'on rencontre simultanément des objets ou des circonstances dont les uns empêchent et les autres favorisent les conditions nécessaires à la vie. Dans nos entreprises nous envisageons en même temps le succès et l'insuccès.

Nous avons dit plus haut que le spécialiste se rappelle d'une façon surprenante les moindres détails de sa spécialité; ainsi on dit couramment : « Il a une bonne mémoire ; il a de la mémoire pour telle ou telle chose. »

Nous disons que la mémoire des enfants et des vieillards est faible, et cela à juste raison. Au début, les enfants sont constamment protégés par la mère contre les influences du milieu extérieur ; d'autre part, la structure de leur corps et leurs besoins subissent des changements rapides ; ce qui cesse d'être nécessaire tombe dans l'oubli et la mémoire se présente faible. Chez les vieillards, les fonctions de l'organisme s'affaiblissent ; la procréation a cessé et le cercle des intérêts se rétrécit. C'est pourquoi les vieillards n'ont plus besoin d'acquérir de l'expérience, ils évitent même toute innovation ; il s'ensuit qu'ils ne retiennent pas ce qui se passe actuellement devant eux. Mais ils se rappellent fort bien des circonstances et des évènements qui leur ont fait changer de conduite autrefois.

L'expression « une forte mémoire », « la force de la mémoire » et d'autres analogues où le mot « force », est appliqué au figuré, amène souvent des malentendus

et même des erreurs. Nous connaissons bien la force
mécanique : en l'appliquant au levier, nous sommes capables de soulever un certain nombre de kilogrammes ;
en lançant un corps, nous lui communiquons une vitesse
plus ou moins considérable. Mais ce rapport déterminé
n'existe plus quand il s'agit de la mémoire. Nous avons
vu que la mémoire est basée sur les rapports qui existent entre les objets et les événements d'une part, et
nos intérêts de l'autre. Voilà pourquoi lorsqu'on parle
de la force de la mémoire en général, sans préciser
l'objet auquel elle se rapporte, on risque de provoquer
des malentendus. Peut-être pourrait-on comprendre
cette expression comme indiquant un cercle plus ou
moins large d'intérêts concernant la personne dont il
est question. Pourtant on croit nécessaire de développer
la mémoire des enfants, « de renforcer leur mémoire »
en leur faisant apprendre par cœur beaucoup de poésie
et de prose. L'unique résultat qu'on atteint ainsi, c'est
d'obtenir une plus grande netteté de diction et d'introduire dans la conversation des mots et des expressions
puisés dans les morceaux appris par cœur; mais l'on
n'atteint pas le but paradoxal de donner de la force
à la mémoire en général. »

De ces citations il s'ensuit que, malgré les conclusions des psychologues, la base principale des associations d'idées c'est le rapport des phénomènes et des
conditions de la vie avec les nécessités de notre existence individuelle ou sociale. Il faudrait aussi introduire
certaines atténuations dans les considérations sur la
mémoire qui sont en vogue parmi les psychologues.

L'étude des traités de psychologie nous permet de

conclure qu'ils sont consacrés pour la plus grande partie aux raisonnements généraux sur les états d'âmes, précédés de descriptions, de définitions et dénominations correspondantes. Cependant ces définitions diffèrent beaucoup selon les auteurs des traités de psychologie, et voilà pourquoi la psychologie ne possède même pas de nomenclature stable et admise généralement.

Classifier ses commentaires, est un problème bien difficile pour un psychologue, car on ne peut isoler et séparer qu'en théorie les sentiments des pensées et des impulsions de la volition.

Il est admis généralement de diviser la psychologie en trois parties : 1º la science des sentiments ; 2º la théorie des connaissances ; 3º et l'étude de la volonté.

On trouve quelquefois dans les raisonnements des psychologues des indications très justes se distinguant par la finesse, mais en général on n'y puise que très peu de conclusions pouvant être appliquées à la vie.

Pour expliquer un mot ayant une signification abstraite les psychologues ont souvent recours à d'autres mots semblables, au lieu d'indiquer les objets ou les faits qui ont servi de point de départ à la notion abstraite. Le lecteur, par suite de cette méthode, reste dans une perplexité complète vis-à-vis de cette tautologie ou tout simplement vis-à-vis de ce jeu de mots. Cette méthode est très répandue ; quiconque a goûté à la philosophie n'a pas manqué de s'en servir verbalement ou par écrit pour prouver ce qu'il avance. On peut citer autant d'exemples que l'on veut, mais quelques lignes suffiront :

« Les conditions favorables de l'esprit dans l'induction scientifique, ce sont les conditions positives et négatives de l'intellect scientifique en général. » (Bain, ouv. cité, p. 164).

En outre, les auteurs des traités de psychologie y introduisent passablement de scolastique. Ainsi, ils trouvent nécessaire de citer la discussion académique qui nous vient des sceptiques grecs, concernant la question de savoir si nous pouvons, ou pas, connaître les objets en eux-mêmes et non tels qu'ils se présentent à nous.

Ici le malentendu qui a engendré tant de discussions inutiles, réside dans la fausse interprétation des mots « *connaître* » et « *se représenter* » et ensuite dans l'indication obscure des objets « tels qu'ils sont en eux-mêmes ».

La connaissance est le résultat des *impressions* que nous recevons (ceci a été exposé tout au long dans l'article précédent sur les connaissances), de sorte qu'il ne peut être question d'une autre connaissance sans dénaturer le sens des mots. Mais quels sont donc les attributs soi-disant inconnus de ces objets existant par eux-mêmes? Les psychologues, plongés dans leurs méditations au fond de leur cabinet, oublient que nous vivons en société et que nous puisons nos connaissances dans notre entourage. La vie sociale nous enseigne qu'avant nous il y avait tels et tels objets, que ces objets subsisteront dans le monde après nous, qu'en un mot ils existent malgré nous et indépendamment de nous. Ainsi, nous apprenons qu'il y a une île de Madagascar, qu'il y avait un philosophe appelé Schopenhauer qui professait l'anéantissement du genre humain et qui a même des adeptes, etc... Voila la signification de l'expression que les objets existent par eux-mêmes ; nous apprenons ceci par nos impressions propres et guidés par d'autres individus, ainsi que par des documents qu'ils nous ont laissés.

La psychologie ne tenant compte des phénomènes de la vie, il en résulte, entre autres conséquences, les discussions sur la *liberté et le déterminisme*.

Ces discussions, comme bien d'autres, ont pour point de départ des mots interprétés différemment, ce qui les rend oiseuses.

Au point de vue subjectif l'individu ayant la faculté d'agir de différentes façons, nous lui attribuons le libre arbitre. On l'admet généralement ; c'est là la définition de cette expression.

Mais en considérant la nécessité de satisfaire aux besoins de la vie individuelle et sociale, nous voyons que la volonté est limitée par les conditions dans lesquelles se trouve l'individu, et c'est de ce point de vue que nous entamons la question du déterminisme.

Il est clair que nous avons à faire à deux conceptions tout à fait différentes qu'il est inutile de mettre en opposition.

Le psychologue, comme nous l'avons déjà dit, n'admet pas ce dernier point de vue, et par cela même il tend à prouver que notre volonté est seulement mue par les sentiments agréables ou désagréables. De là, une seule cause de l'action — c'est la volition. Peut-on admettre une pareille relation exclusive entre l'état intérieur, celui du désir et sa manifestation extérieure — l'action ? Les désirs sont illimités tandis que l'homme rencontre dans son activité des contraintes diverses : matérielles, sociales, etc... Ces conditions sont différentes pour chaque peuple et chaque classe.

De cette façon l'étude de l'activité humaine sort du domaine de la psychologie et ne peut lui emprunter une explication suffisante. Elle exige des études spéciales d'ordre ethnographique (1).

En laissant de côté l'influence des contraintes extérieures dont il vient d'être question, les psychologues négligèrent complètement les états d'âme provenant des difficultés, que l'homme peut rencontrer pour satisfaire aux besoins de la vie individuelle et sociale. Et cependant ces états d'âme méritent d'attirer l'attention, puisqu'ils peuvent déterminer une conduite extraordinaire ou une action décisive.

Voilà quelques explications relatives à ce sujet : (*loc. cit.*, p. 38) :

« Il est rare qu'un homme puisse traverser la vie sans que le monde extérieur ou les vicissitudes de sa vie physique ne lui opposent des obstacles plus ou moins sérieux à la satisfaction de ses besoins.

Notre jugement est toujours plus ou moins aléatoire lorsque nous voulons déterminer lequel, parmi les besoins de l'homme, prédomine en lui à un moment donné. Mais on peut prendre pour règle générale que, toutes les fois que des circonstances extraordinaires opposent un obstacle considérable à la satisfaction d'un de ses besoins essentiels, l'homme emploie dès lors — et avec beaucoup d'impétuosité quelquefois — tous les moyens possibles pour se procurer ce dont il est privé et laisse de côté, en le négligeant temporaire-

---

(1) Comp. *L'activité de l'homme*, par W. Ténicheff, Paris, 1898, p. 13-17.

ment, tout ce qui concerne les autres phases de sa vie.
Dans ces moments d'efforts intenses vers un seul but,
l'homme n'a d'yeux ni d'oreilles pour ce qui est étranger à sa préoccupation; son organisme est approprié à
agir ainsi. Nous disons alors que cet homme n'est pas
en possession de lui-même, qu'il agit sous l'influence
d'une émotion, de la colère ou d'une passion. Les
exemples ne manquent pas : ainsi la faim peut pousser
un homme qui, en général, observe les lois établies,
au vol et à la prison (ventre affamé n'a point d'oreilles).
Au contraire, poursuivi, ou menacé d'un danger,
l'homme est si préoccupé de se sauver qu'il se passe
pendant quelque temps de manger et de dormir. De
même, lorsque l'homme et la femme rencontrent des
obstacles à leur rapprochement, ils se servent, pour
l'effectuer, de moyens hasardeux et négligent leur sécu-
rité. Une calamité nationale — la guerre, par exemple
— force le citoyen à abandonner sa maison et sa
famille. La maladie change considérablement la conduite de l'homme, car les troubles de l'organisme
apportent des modifications à ses besoins; la nécessité
de se rétablir repousse au second plan les autres
préoccupations, auxquelles le malade cesse de s'inté-
resser.

Il peut arriver, dans des cas exceptionnels, que l'impétuosité mise par l'homme à écarter les obstacles
devienne si considérable qu'il néglige ses autres besoins, ce qui lui cause un dommage plus ou moins
grand. En cherchant à échapper aux poursuites, par
exemple, il peut se heurter à un objet et se blesser; la
misère peut le forcer à un travail excessif qui entraînera
une maladie, etc... Le suicide est le cas le plus typi-

que de cette catégorie. Les exemples en sont suffisamment connus. L'homme peut y être conduit par des poursuites constantes et inexorables, les mauvais traitements, un emprisonnement sévère, l'impossibilité de se rapprocher d'une fiancée, la perte de sa position sociale ou la révélation imminente d'un crime, etc...

Entre la marche ordinaire de la vie et la façon d'agir des hommes en face des obstacles considérables qui s'opposent à la satisfaction de leurs besoins, il existe beaucoup de situations intermédiaires. Des empêchements médiocres se dressent devant l'homme à chaque pas, et, afin de les supprimer il se conduit de la façon mentionnée, seulement avec moins d'exagération. De là, viennent la hâte, les interjections, le manque d'attention pour tout ce qui est étranger à ce qui est instamment nécessaire; tout le reste on le rejette comme un élément gênant, etc...

Il peut arriver que les circonstances obligent l'homme à changer son genre de vie, à abandonner les façons d'agir usitées antérieurement ainsi que la marche habituelle de son existence. Il n'y voit d'abord qu'un obstacle à la satisfaction de ses besoins et tend, par les moyens indiqués plus haut, à revenir à son genre de vie antérieur. Mais il arrive aussi que, par la suite, tout s'arrange, et l'homme s'adapte à l'ordre de choses nouveau.

Ce ne sont pas seulement les obstacles de la vie qui dirigent d'une façon étrange l'activité de l'homme. Il arrive aussi qu'une diminution inattendue de ses privations imprime à ses actes une impétuosité particulière quelquefois dangereuse. Ainsi, par exemple, les personnes qui, pendant longtemps, ont eu à souffrir des

4

privations, se livrent à des excès dans la nourriture et
la boisson, acceptent plus de travail lucratif qu'elles ne
peuvent en exécuter, ou un poste trop élevé pour les
connaissances qu'elles possèdent ».

Les psychologues ne mentionnent guère les états
d'âmes accompagnant les circonstances que nous venons de citer.

Nous voyons que la psychologie, à l'exception de la
psycho-physique (qu'on peut en grande partie rapporter à la physiologie des organes des sens) fournit très
peu de connaissances positives.

Après l'étude critique sur la psychologie que nous
venons de faire, nous allons en revenir aux questions
ethnographiques mentionnées au commencement de
l'article précédent. Il s'agit de savoir quelle est l'influence qu'exerce la psychologie sur les citoyens de la
classe instruite dont nous nous proposons de faire une
étude. Notre questionnaire se résume de la façon suivante :

1° Jusqu'à quel point les personnes appartenant à la
dite classe trouvent-elles nécessaires d'étudier la psychologie ?

Donner des exemples de tentatives pour expliquer
les états d'âme à l'aide de ces études.

Les personnes en question ont-elles étudié la psychologie au collège ou dans un établissement d'instruction
supérieure ? Quelle était la tendance de l'enseignement
et quelle était son influence, c'est-à-dire quelles indications quant à la vie ont-elles pu en être retirées par les
élèves ?

La classification des phénomènes psychiques en

trois catégories : sentiment, connaissances et volonté a-t-elle été reconnue comme satisfaisante ?

2º Se sert-on des résultats de la psycho-physique ?

3º Jusqu'à quel point les personnes indiquées se sont elles familiarisées avec les raisonnements des psychologues sur l'association des idées ? Ont-elles accepté les lois des associations par similitude et par contiguïté? (p. 41.) N'ont-elle pas une tendance à critiquer ces lois, attendu que nous groupons les objets et les phénomènes d'après leurs rapports avec la vie et que nous nous soucions peu des choses qui n'y ont pas trait ?

4º Ne considère-t-on pas généralement les sentiments affectifs agréables ou désagréables comme les seuls mobiles de nos actions ?

Ne trouve-t-on pas que ce sont les désirs qui sont les seules causes de nos actions ?

Ne croit-on pas que notre conduite ne relève que des phénomènes psychologiques, perdant ainsi de vue les besoins et les conditions qui entourent l'existence de l'individu ?

REVUE INTERNATIONALE

DE

SOCIOLOGIE

PUBLIÉE TOUS LES MOIS, SOUS LA DIRECTION DE

RENÉ WORMS
Secrétaire-Général de l'Institut International de Sociologie

AVEC LA COLLABORATION ET LE CONCOURS DE

MM. Ch. Andler, Paris. — A. Asturaro, Gênes. — A. Babeau, Troyes. — M. E. Ballesteros, Santiago. — P. Beauregard, Paris. — L. Beaurin-Gressier, Paris. — R. Bérenger, Paris. — M. Bernès, Paris. — J. Bertillon, Paris. — A. Bertrand, Lyon. — L. Brentano, Munich. — Ad. Buylla, Oviedo. — Ed. Chavannes, Paris. — E. Cheysson, Paris. — J. Dallemagne, Bruxelles. — E. Delbet, Paris. — C. Dobrogeano, Bucarest. — P. Dorado, Salamanque. — M. Dufourmantelle, Paris. — L. Duguit, Bordeaux. — P. Duproix, Genève. — A. Espinas, Paris. — Fernand Faure, Paris. — E. Ferri, Rome. — G. Fiamingo, Rome. — A. Fouillée, Paris. — A. Giard, Paris. — Ch. Gide, Montpellier. — R. de la Grasserie, Rennes. — P. Guiraud, Paris. — L. Gumplowicz, Graz. — H. Hauser, Clermont. — M. Kovalewsky, Moscou. — F. Larnaude, Paris. — Ch. Letourneau, Paris. — E. Levasseur, Paris. — P. de Lilienfeld, Saint-Pétersbourg. — A. Loria, Padoue. — J. Loutchisky, Kiew. — John Lubbock, Londres. — J. Mandello, Budapest. — L. Manouvrier, Paris. — P. du Maroussem, Paris. — T. Masaryk, Prague. — Carl Menger, Vienne. — G. Monod, Paris. — F. S. Nitti, Naples. — J. Novicow, Odessa. — Ed. Perrier, Paris. — Ch. Pfister, Nancy. — Georges Picot, Paris. — Ad. Posada, Oviedo. — O. Pyfferoen, Gand. — A. Raffalovich, Paris. — E. van der Rest, Bruxelles. — M. Revon, Tokio. — Th. Ribot, Paris. — Ch. Richet, Paris — E. de Roberty, Tver. — V. Rossel, Berne. — Th. Roussel, Paris. — A. Schœffle, Stuttgart. — F. Schrader, Paris. — G. Simmel, Berlin. — C. N. Starcke, Copenhague. — L. Stein, Berne. — S. R. Steinmetz, Utrecht. — G. Tarde, Paris. — J. J. Tavares de Medeiros, Lisbonne. — F. Tœnnies, Hambourg. — A. Tratchewsky, Saint-Pétersbourg. — E. B. Tylor, Oxford. — I. Vanni, Rome. — J. M. Vincent, Baltimore. — P. Vinogradow, Moscou. — R. dalla Volta, Florence. — E. Westermarck, Helsingfors. — Emile Worms, Rennes. — L. Wuarin, Genève.

Secrétaires de la Rédaction : Ed. Herriot. — Al. Lambert. — G.-L. Duprat.

Abonnement annuel : FRANCE : 18 fr. — UNION POSTALE : 20 fr.

PARIS.

V. GIARD & E. BRIÈRE, ÉDITEURS
16, RUE SOUFFLOT, 16

1900

V. GIARD ET E. BRIÈRE, ÉDITEURS, 16, RUE SOUFFLOT, PARIS.

BIBLIOTHÈQUE
SOCIOLOGIQUE INTERNATIONALE

PUBLIÉE SOUS LA DIRECTION DE

RENÉ WORMS

Secrétaire Général de l'Institut International de Sociologie

Cette collection se compose de volumes in-8°, reliure souple (1).

Ont paru :

Paraîtront successivement :

(1) *Les volumes de la collection pourront aussi être achetés brochés avec une diminution de 2 francs.*